MARGAUX
La Superhéros

Les aventures de mon prénom

Margaux est une Super-héroïne.

Grâce à ses super-pouvoirs, elle protège la ville et ses habitants.

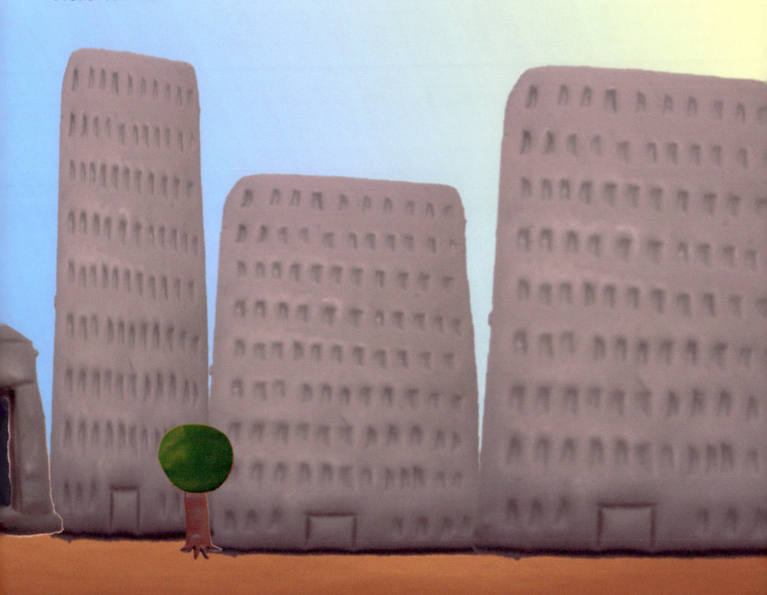

Super-Margaux survole la ville quand elle entend tout à coup des explosions !

BOUM ! Lucas le Pirate lance des boulets de canon vers le château du Roi Henri !

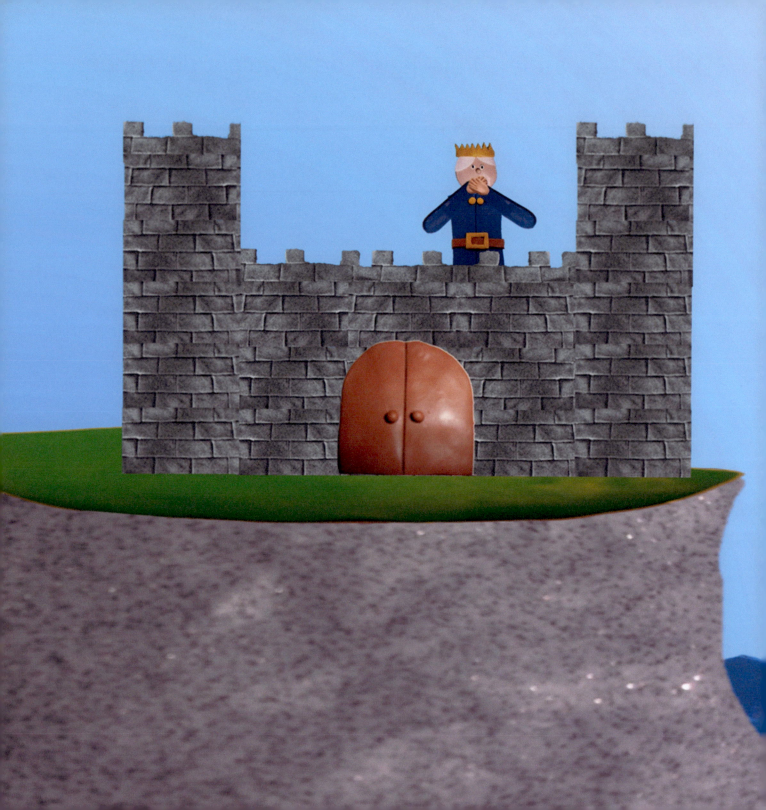

Super-Margaux attrape le boulet de canon et demande : "Pourquoi vous battez-vous ?"

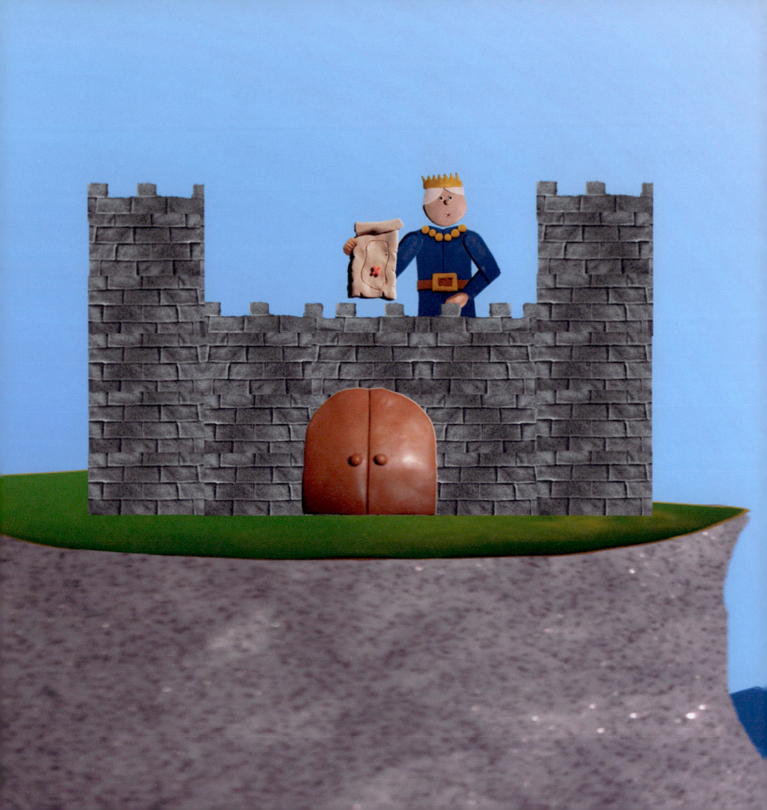

"Le Roi Henri a volé mon trésor !" dit Lucas le Pirate.

"C'est faux ! Lucas le Pirate a trouvé le trésor grâce à ma carte !" répond le Roi Henri.

"Partagez le trésor !" leur conseille Super-Margaux.

"Merci pour cette bonne idée Super-Margaux !" remercient Lucas le Pirate et le Roi Henri.

Soudain, Super-Margaux entend des appels à l'aide.

"Super-Margaux ! Au secours !"

"Ma fusée est en panne ! Je risque de m'écraser sur Terre ! Sauve-moi, Super-Margaux !" dit Zoé l'Astronaute.

Grâce à sa super-force, Super-Margaux ramène la fusée de Zoé l'Astronaute sur Terre.

"Merci Super-Margaux ! Tu m'as sauvé la vie !" remercie Zoé l'Astronaute.

Super-Margaux entend une sirène d'alarme... Mais, c'est l'alarme de la Banque !

Super-Margaux aperçoit le gang des Lutins ! Ils viennent de dévaliser la banque !

Grâce à sa super-vitesse, Super-Margaux ligote le gang des Lutins ! Les voilà ficelés comme un saucisson !

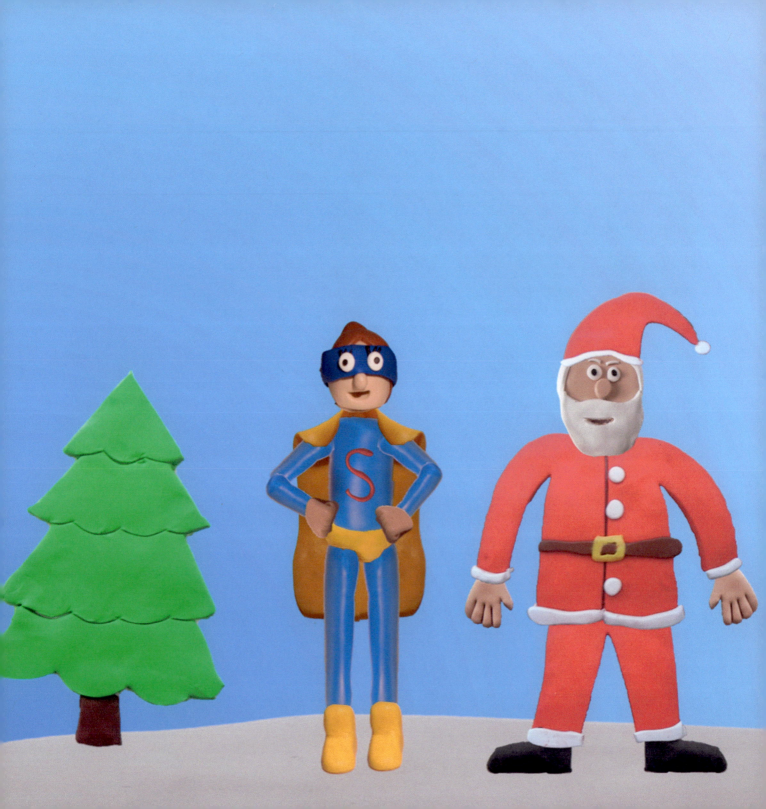

"Bravo Super-Margaux ! Tu m'as ramené ces lutins chenapans !" remercie le Père Noël.

Super-Margaux doit vite repartir, elle vient d'entendre un appel....

"Margaux ! Il est l'heure d'aller au lit !" dit Maman.

"Mais Maman, je dois protéger la ville avec mes super-pouvoirs !" répond Margaux en soupirant.

"Au lit ma petite Super-héroïne, tu joueras demain !" répond Maman en souriant.

Découvrez nos séries

Les aventures de mon prénom

J'apprends...

Contes & Fables

Tous droits réservés
© Copyright Les aventures de mon prénom 2020

Offrez à votre enfant le bonheur de lire...
avec des livres à son prénom !

www.lesaventuresdemonprenom.com

Choisissez parmi les 14 thèmes (pirate, astronaute, ballerine...) et commandez le livre personnalisé au prénom de votre enfant.

Disponible sur

Printed in France by Amazon
Brétigny-sur-Orge, FR